BEI GRIN MACHT SICH IHR WISSEN BEZAHLT

AF149916

- Wir veröffentlichen Ihre Hausarbeit,
  Bachelor- und Masterarbeit

- Ihr eigenes eBook und Buch -
  weltweit in allen wichtigen Shops

- Verdienen Sie an jedem Verkauf

Jetzt bei www.GRIN.com hochladen und kostenlos publizieren

Christoph Stockert

Credo: Ich glaube an Gott

GRIN Verlag

Bibliografische Information der Deutschen Nationalbibliothek:

Die Deutsche Bibliothek verzeichnet diese Publikation in der Deutschen National-
bibliografie; detaillierte bibliografische Daten sind im Internet über http://dnb.d-
nb.de/ abrufbar.

Dieses Werk sowie alle darin enthaltenen einzelnen Beiträge und Abbildungen
sind urheberrechtlich geschützt. Jede Verwertung, die nicht ausdrücklich vom
Urheberrechtsschutz zugelassen ist, bedarf der vorherigen Zustimmung des Verla-
ges. Das gilt insbesondere für Vervielfältigungen, Bearbeitungen, Übersetzungen,
Mikroverfilmungen, Auswertungen durch Datenbanken und für die Einspeicherung
und Verarbeitung in elektronische Systeme. Alle Rechte, auch die des auszugsweisen
Nachdrucks, der fotomechanischen Wiedergabe (einschließlich Mikrokopie) sowie
der Auswertung durch Datenbanken oder ähnliche Einrichtungen, vorbehalten.

Impressum:

Copyright © 2011 GRIN Verlag GmbH
Druck und Bindung: Books on Demand GmbH, Norderstedt Germany
ISBN: 978-3-656-10431-5

Dieses Buch bei GRIN:

http://www.grin.com/de/e-book/186893/credo-ich-glaube-an-gott

GRIN - Your knowledge has value

Der GRIN Verlag publiziert seit 1998 wissenschaftliche Arbeiten von Studenten, Hochschullehrern und anderen Akademikern als eBook und gedrucktes Buch. Die Verlagswebsite www.grin.com ist die ideale Plattform zur Veröffentlichung von Hausarbeiten, Abschlussarbeiten, wissenschaftlichen Aufsätzen, Dissertationen und Fachbüchern.

Besuchen Sie uns im Internet:

http://www.grin.com/

http://www.facebook.com/grincom

http://www.twitter.com/grin_com

Fakultät für Kultur- und Geisteswissenschaften

Philosophisch-Theologisches Seminar

Schriftliche Ausarbeitung

zum Referat

Credo: Ich glaube an Gott

im Seminar

Der christliche Glaube in Geschichte und Gegenwart

Wintersemester 2011/12

Vorgelegt von:

Christoph Stockert

Inhalt

1 Einleitung

Wir leben mittlerweile in einer schnelllebigen und hoch technologisierten Wissens-gesellschaft, in der angesichts der erheblichen Menge an unmittelbar verfügbaren Informationen keine wichtigen Fragen des Lebens mehr offen zu sein scheinen, zumal die Wissenschaft in vielerlei Disziplinen ständig Fortschritte verzeichnen kann. Zweifellos ist die Wissenschaft von großer Bedeutung. Allerdings kann auch sie nach wie vor nicht die entscheidenden Fragen des Lebens beantworten oder gar Orientierung und Halt in unserem Leben bieten. In diesem Fall muss an die Stelle des Wissens der Glaube treten. Wie Huber feststellt, sind für viele Menschen religiöse Themen und somit auch der christliche Glaube nach wie vor sehr bedeutsam:

> „Zu Beginn des 21. Jahrhunderts hält die Mehrzahl der Menschen in Europa, auch im deutschen Sprachraum, religiöse Themen für wichtig. Ebenso sind die Menschen mehrheitlich davon überzeugt, dass der christliche Glaube ungebrochen aktuell ist; in wachsendem Maß bejahen sie den Wunsch nach einer religiösen Erziehung, sowie die Bedeutung des Gebets für das persönliche Leben" (2009: 11).

An Gott zu glauben heißt jedoch, sich an Gott als Schöpfer der Welt als Grund und Ursprung allen Seins zu wenden und für die Gaben der Schöpfung dankbar zu sein. Im Laufe dieser Arbeit sollen zunächst die Grundzüge des christlichen Glaubens skizziert werden. Anschließend erfolgt eine Auseinandersetzung mit der Frage, was es eigentlich bedeutet, an Gott den Schöpfer zu glauben.

2 Glaube

Der christliche Glaube entzieht sich jeglichen Versuchen, die seine Definition betreffen und kann daher lediglich umschrieben werden. Huber beschreibt den Glauben als die

> „Gewissheit, die mein Leben trägt. Diese Gewissheit bezieht sich auf Gott und die Welt zugleich. Sie äußert sich in einem Vertrauen auf Gott, in dem alle Dinge ihren Ursprung und ihr Ziel haben; und sie äußert sich in einem Vertrauen auf die Welt, in der ich zu Hause sein kann, weil ich mich auf Gott verlasse" (2009: 10).

Eine weitere Beschreibung liefert Schneider-Flume, die Glauben versteht als „Leben in der Geschichte mit Gott" (2008: 93). Martin Luther äußert sich in seiner Vorrede zum Römerbrief im Hinblick zum Glauben folgendermaßen: „Der Glaube ist ein göttlich Werk in uns neugebieret aus Gott" (Luther 1522, zit. n. Ehni 1869: 18). Luther macht hier deutlich, dass der Glaube nicht vom Menschen selbst gebildet wird. Der Glaube geschieht im Menschen, er widerfährt ihm vielmehr, wobei Gott der Anlass allen Glaubens ist. Somit hängt der Glaube nicht vorrangig von uns Menschen ab, sondern vom „Handeln Gottes an uns" (Schäfer 2005: 34). Eine solche Sichtweise, die das Erfahren des Glaubens betont, findet sich bereits bei Paulus (Gal 3,23). Diese Glaubenserfahrung vollzieht sich in der alltäglichen Lebenswelt, geht jedoch weit über ihre Grenzen hinaus (vgl. Lamprecht 2006: 21).

2.1 Glaube und Zweifel

Wenn man heutzutage mit Menschen über den Glauben spricht, die über keinen Bezug zur Kirche verfügen, wird sehr schnell das „Fremde und befremdliche eines solchen Unterfangens verspüren" (Ratzinger 2005: 33). Dieses Gefühl verdeutlicht Ratzinger anhand einer bekannten Gleichniserzählung von Søren Kierkegaard über den Clown und das brennende Dorf (vgl. Ratzinger 2005: 33). Nach dieser Erzählung war in einem dänischen Zirkus ein Feuer ausgebrochen, woraufhin der Zirkusdirektor den Clown, der gerade seine Vorstellung beginnen wollte, in ein naheliegendes Dorf schickte, um Hilfe herbei zu holen. Der Clown begab sich unverzüglich in das besagte Dorf und bat die Bewohner um Hilfe bei der Löschung des Feuers. Allerdings hielten die Bewohner die Ausführungen des Clowns lediglich für eine hervorragende Werbemaßnahme und sparten nicht mit Applaus. Die zunehmende Verzweiflung des Clowns steigerte nur das Gelächter der Dorfbewohner bis schließlich das Feuer auch auf das Dorf übergriff und sowohl der Zirkus als auch das Dorf niederbrannten. Aus dieser Erzählung leitet Ratzinger Folgendes ab:

> „Wer den Glauben inmitten von Menschen, die im heutigen Leben und Denken stehen, zu sagen versucht, der kann sich wirklich wie ein Clown vorkommen, oder vielleicht noch eher wie jemand, der, aus einem antiken Sarkophag aufgestiegen, in Tracht und Denken der Antike mitten in unsere heutige Welt eingetreten ist und weder sie verstehen kann noch verstanden wird von ihr" (2005: 35).

Der Glaube stellt einen Weg dar, der den Zweifel mit einschließt (vgl. Huber 2009: 13). Somit wird der Gläubige nicht nur mit dem Zweifel Anderer an seinem Glauben konfrontiert, sondern auch mit seinem eigenen Zweifel. Allerdings kann sich auch der Ungläubige dem Zweifel nicht entziehen, wie Ratzinger feststellt:

„So wie also der Gläubige sich fortwährend durch den Unglauben bedroht weiß, ihn als seine beständige Versuchung empfinden muss, so bleibt dem Ungläubigen der Glaube Bedrohung und Versuchung seiner scheinbar ein für allemal geschlossenen Welt" (2007: 39).

Dass Glaube und Zweifel zusammenhängen und sich keineswegs ausschließen, wird beispielsweise im Neuen Testament deutlich: „Ich glaube; hilf meinem Unglauben" (Mk 9, 24). Wer an seinem Glauben zweifelt, ist daher nicht zwangsläufig ungläubig. Gerade wenn man sich mit dem eigenen Zweifel auseinandersetzt und Gott dabei um Hilfe bittet, zeugt dies eher von einem noch stärkeren Glauben.

2.2 Wesensbestimmung des Glaubens

Was heißt es nun, wenn ein Mensch sagt *Ich glaube*? Diese beiden Worte, welche die deutsche Übersetzung des lateinischen Begriffs *Credo* verkörpern, haben eine zentrale Bedeutung innerhalb des christlichen Glaubens. So beginnt beispielsweise das Apostolische Glaubensbekenntnis mit diesen Worten. Nach Ansicht Ratzingers steht folgende Haltung hinter dem Begriff *Credo*:

„Es bedeutet, dass der Mensch Sehen, Hören und Greifen nicht als die Totalität des ihn Angehenden betrachtet, dass er den Raum seiner Welt nicht mit dem, was er sehen und greifen kann, abgesteckt ansieht, sondern eine zweite Form von Zugang zum Wirklichen sucht, die er eben Glauben nennt, und zwar so, dass er darin sogar die entscheidende Eröffnung seiner Weltsicht überhaupt findet" (2007: 44).

Nach Ratzinger stellt der Begriff Credo somit eine Option dar, nicht das Greif- und Sichtbare als Wirklichkeit zu fassen, sondern eben das Nicht-Greifbare sowie das Nicht-Sichtbare, welches als eigentliche Wirklichkeit die übrige Wirklichkeit trägt und ermöglicht. Dazu muss sich der Mensch jedoch wenden, damit er erkennt, dass er bisher einer Illusion gefolgt ist, indem er nur das Greifbare im Sinn hatte (vgl. Ratzinger 2007: 45). Der Glaube geschieht zwar mit bzw. in uns und kann daher nicht als rein aktiver und selbstgesteuerter Vorgang betrachtet werden, aber letztendlich muss man sich – zumindest im Hinblick auf die erstmalige Erfahrung des Glaubens – auch selbst wenden, um den neuen Weg, der einem von Gott angeboten wird, beschreiten zu können.

3 Ich glaube an Gott

An Gott den Vater zu glauben beinhaltet den Glauben an Gott den Schöpfer, der Grund und Ursprung allen Seins darstellt. Dieser Glaube wird bereits im ersten Artikel des apostolischen Glaubensbekenntnisses deutlich. Martin Luther setzt sich mit diesem ersten Artikel in einer Erklärung auseinander, die sich in dem von ihm verfassten *Kleinen Katechismus* findet.

> „Für Luther ist wichtig, daß Gottes schöpferisches Wirken auch in der Erhaltung des Lebens erfahren wird. In der Erklärung zum ersten Artikel betont er, daß wir Essen und Trinken und alles zum Leben Notwendige von Gott empfangen, und daß unser Leben von Ihm behütet und bewahrt wird. Darin erfahren wir seine göttliche Güte und Barmherzigkeit" (Kruhöffer 2002: 71).

Für Juden und Christen haben die biblischen Schöpfungstexte die Sicht der Welt geprägt, wobei dies nicht bedeutet, dass sie die Sicht der Welt aus heutiger Sicht vorgeben. Daher soll im Folgenden zunächst auf diese beiden unterschiedlichen Schöpfungserzählungen eingegangen werden, bevor das heutige Bild der Welt beleuchtet und in Verbindung mit dem Schöpfungsglaube und der Naturwissenschaft gebracht wird.

3.1 Die biblische Sicht der Welt

Bei der ersten Schöpfungserzählung (Gen 1,1-2,4), die der Priesterschrift zugeordnet wird, handelt es sich um die jüngere der beiden Schöpfungsdarstellungen. Sie entstand vermutlich gegen 500 v. Chr. vor dem Hintergrund babylonischer Mythen bezüglich der Entstehung der Welt (vgl. Huber 2009: 19). Diese Schöpfungserzählung beschreibt beispielsweise die Vorstellung eines Himmelsozeans, der nur durch das Firmament davon abgehalten wird, auf die Erde zu stürzen (vgl. Huber 2009: 19).

> „Der priesterliche Schöpfungstext ist durch die Situation des Zweistromlandes geprägt. So gilt Wasser als das Urelement und zugleich als das Bedrohliche" (Kruhöffer 2002: 58).

Der Text ist geprägt von einem deutlichen Prosarhythmus und wirkt wie ein Lied über die Schöpfung, die in insgesamt sieben Tagewerken alles Geschaffene beinhaltet (vgl. Westermann/Ahuis 2008: 24). Allerdings unterscheidet sich diese Darstellung der Schöpfung von den babylonischen Mythen dahingehend, dass die Erde nicht aus Kämpfen rivalisierender Götter entstanden ist, sondern aufgrund der schöpferischen Kraft des einen Gottes (vgl Huber

2009: 19). Darüber hinaus werden die Gestirne nicht als Gottheiten, sondern als von Gott geschaffene Lichter des Himmels betrachtet und der Mensch nicht als Diener der Götter, sondern als Ebenbild Gottes (vgl. Huber 2009: 19). Gott wirkt durch sein schöpferisches Wort in das Chaos hinein und erschafft so die Welt und alles Leben. Die zweite Schöpfungserzählung Gen 2,4-25) entstand wesentlich früher als die erste und wird gewöhnlich mit dem Jahwisten in Verbindung gebracht.

> „Anders als im priesterschriftlichen Schöpfungstext ist hier als Hintergrund die Situation des trockenen Landes zu sehen, in dem der Regen für die Entfaltung des Lebens als besonders notwendig empfunden wird. Der Jahwist hat eine anthropologische Perspektive, das heißt: Er konzentriert das Geschehen der Schöpfung auf den Menschen. Um ihn herum gruppieren sich die übrigen Werke der Schöpfung" (Kruhöffer 2002: 62).

Das erste Menschenpaar wird hier geschaffen, um sich einander wie auch Gott gegenüber zu stehen (vgl. Huber 2009: 21). Darüber hinaus erhält es den Auftrag, die Erde zu bebauen und zu bewahren, wobei nicht ihre Ausbeutung und Unterwerfung gemeint sind.

3.2 Das heutige Bild der Welt

Aus heutiger Sicht ist es wesentlich einfacher, vergangene Weltbilder zu beschreiben, als das gegenwärtige Bild der Welt in wenigen Worten zu umschreiben. Jedenfalls kann der Übergang von der unbelebten Natur zum Leben als recht gewaltig angesehen werden (vgl. Huber 2009: 24). Mittlerweile ist man zur Einsicht gelangt, dass die Entstehung der Menschheit auf eine evolutionäre Entwicklung zurückzuführen, wie sie beispielsweise Darwin beschrieben hat. Allerdings bedeutet dies keinesfalls, dass sich unser Wissen im Hinblick auf die Entstehung des Universums und der Glaube an Gott den Schöpfer ausschließen müssen (Huber 2009: 28). In diesem Zusammenhang stellt auch Kruhoff fest,

> dass der Glaube an Gott den Schöpfer nicht an bestimmte weltbildliche Vorstellungen gebunden werden kann. Diese Einsicht muß bei der Frage nach dem Schöpfungsglauben in der Gegenwart wieder aufgenommen werden" (2002: 64).

Nach Huber darf außerdem nicht der Fehler gemacht werden, die biblischen Schöpfungstexte als wissenschaftliche Welterklärung zu deuten, wie es z.B. die Kreationisten praktizieren (vgl.

2009: 28 ff.). Welchen Sinn hat es nun für uns, im Hinblick auf unsere gegenwärtigen naturwissenschaftlichen Erkenntnisse die Welt als Schöpfung zu begreifen?

„Wir gewinnen einen Zugang zu ihrem inneren Sinn. Gerade weil sich das Ziel , um dessentwillen die Welt entstand und das Leben sich auf der Welt bildete, nicht aus den naturwissenschaftlichen Einsichten selbst erschließt, brauchen wir einen Zugang zu dem Sinn des Ganzen, der den Raum des unserem Wissen Zugänglichen überschreitet" (Huber 2009: 37).

Der Glaube füllt somit eine Leerstelle, die nicht durch naturwissenschaftliche Wissens-bestände besetzt werden kann. Glaube an Gott den Schöpfer bedeutet nach wie vor, sich an den einen Gott zu wenden, der es mit der Welt und mit einem selbst gut meint.

4 Zusammenfassung

Der Glaube – und somit auch der christliche Glaube – kann nicht definiert, objektiviert oder demonstriert werden. Er geschieht in uns und kann uns einen neuen Zugang zur eigentlichen Wirklichkeit gewähren. Glaube an Gott den Vater bedeutet, an Gott den Schöpfer zu glauben, der durch sein schöpferisches Wort die Welt und alles Leben ins Dasein gerufen hat sowie eine Verbindung zur lebensschaffenden Kraft Gottes herzustellen. Der Glaube ist nach wie vor in der Lage, für viele Menschen eine tragfähige Grundlage für ihr Leben zu bieten. Schöpfungsglaube und Naturwissenschaft schließen sich in diesem Zusammenhang keineswegs aus.

Literaturverzeichnis

Ehni, Jacques (1869): Luther und Rom: Einst und Jetzt. Genf: Ramboz & Schuchardt.

Evangelische Kirche in Deutschland (Hrsg.) (1984): Die Bibel: Nach der Übersetzung Martin
   Luthers. Stuttgart: Deutsche Bibelgesellschaft.

Huber, Wolfgang (2008): Der christliche Glaube: Eine evangelische Orientierung. Gütersloh:
   Gütersloher Verlagshaus, 5. Aufl.

Kruhöffer, Gerald (2002): Grundlinien des Glaubens: Ein biblisch-theologischer Leitfaden.
   Göttingen: Vandenhoeck & Ruprecht, 3. überarb. und erweit. Aufl.

Lamprecht, Annette M. (2006): Christlicher Glaube im Alter: Eine Untersuchung zu
   Bedeutung und Funktion. Berlin: Lit.

Ratzinger, Joseph (2007): Einführung in das Christentum. München: Kösel.

Schäfer, Heinrich (2005): Glaube/Vertrauen: Aus evangelischer Sicht. In: Eicher, Peter
   (Hrsg.): Neues Handbuch theologischer Grundbegriffe. Bd: 2. München: Kösel, S. 27-
   39.

Schneider-Flume, Gunda (2008): Grundkurs Dogmatik. Göttingen: Vandenhoeck & Ruprecht,
   2. Aufl.

Westermann, Claus/Ahuis, Ferdinand (2008): Calwer Bibelkunde: Altes Testament,
   Apokryphen, Neues Testament. Stuttgart: Calwer Verlag, 15. Aufl.